Gunilla Hansson

Weihnachten bei Max und Mia

Aus dem Schwedischen
von Angelika Kutsch

Ravensburger Buchverlag

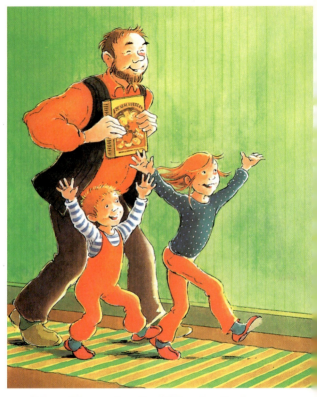

„Mama, Mama, wir wollen Weihnachtsplätzchen und Pfefferkuchen backen!", rufen Max und Mia. „Wir brauchen noch Rosinen, Nelken und Puderzucker."

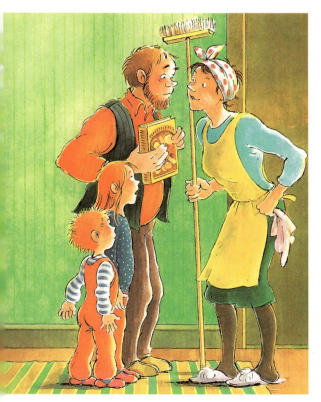

„Ja, aber zuerst wird Weihnachtsputz gemacht",
sagt Mama. „Und zwar im ganzen Haus.
Ihr könnt mir alle helfen".

Mia und Max fangen sofort damit an.
Je eher man anfängt, desto schneller ist man fertig.
Und dann können sie Weihnachtsplätzchen backen.

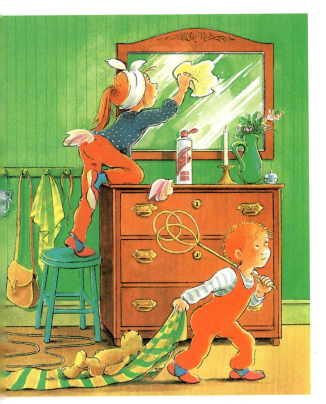

Sie fegen und wischen und scheuern und wienern, dass der Staub nur so wirbelt.

Schließlich sagt Papa: „Jetzt ist das Haus hoffentlich fein genug für Weihnachten, oder?"
„Nein, erst müssen noch die Schränke und Schubladen aufgeräumt werden", sagt Mama.

Mama findet immer mehr Schmutz. Und weil sie schon
einmal dabei ist, wirft sie gleich ein paar alte Sachen weg.
„Jetzt musst du aber langsam aufhören", sagt Mia.
„Wir wollen doch Plätzchen backen!"

Endlich können sie anfangen. Sie mischen und rühren und kneten den Teig, sie rollen und stechen Figuren aus.

„Guck mal", sagt Max, als sie fertig sind.
„Die Marzipanfiguren sind fast zu schade zum Aufessen."

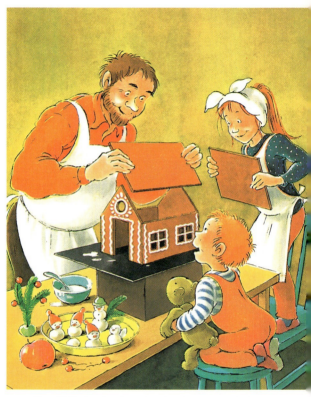

Das Pfefferkuchenhaus ist eine besondere Weihnachtsüberraschung für Mama.
Deshalb darf Mama nicht in die Küche kommen.

Dann schließen Max und Mia sich in ihrem Zimmer ein.
Sie verpacken die Weihnachtsgeschenke für Papa und Oma.

„Das war ein anstrengender Tag", sagt Mama.
„Aber nun sind wir ja mit allem fertig.
 Jetzt kann Weihnachten kommen!"
„Nein!", schreit Mia.
„Wir haben ja noch keinen Weihnachtsbaum!"

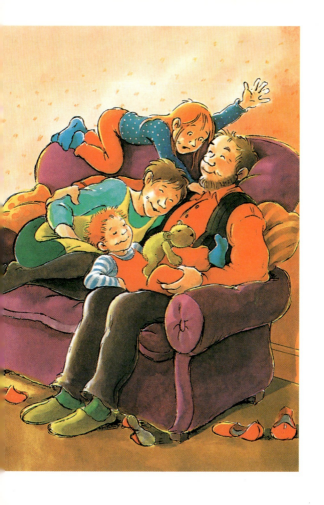

Es wird allerhöchste Zeit.
Ob es überhaupt noch Tannenbäume gibt?
Draußen ist es schon dunkel.
Bald machen die Geschäfte zu.

Die schönsten Tannenbäume sind natürlich schon verkauft. „Dieser hier ist auch ganz nett", sagt Papa.

„Nein, den nicht", sagt Mama energisch. „Es muss einer mit dunkelgrünen dicken Nadeln sein. Sonst ist es kein Weihnachtsbaum. Wir suchen uns einen anderen!"

Endlich findet Mama ihren Baum mit dicken grünen Nadeln. „Das war aber in allerletzter Minute", sagt Papa.

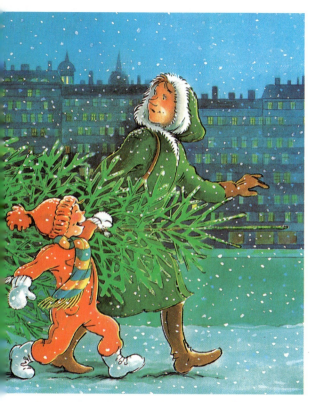

„Riecht bloß mal, wie gut der duftet", sagt Mama und schnuppert.
„So richtig nach Weihnachten", meint Max.

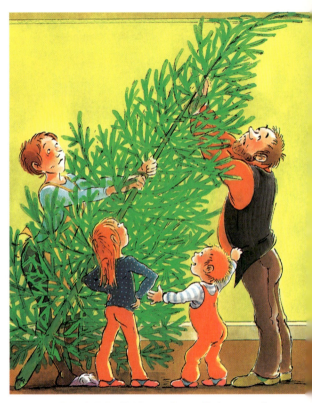

„Ach, du liebe Zeit", sagt Papa. „Er ist zu groß.
Ich muss wohl ein Stück absägen."
„Schade", sagt Mama, „dabei hab ich
große Tannenbäume am liebsten."

Papa sägt und sägt. Und weil Mama nicht will,
dass er auch noch die Spitze abschneidet,
bindet sie daraus eine Schlaufe.

„So", sagt Papa, „jetzt passt er genau ins Zimmer. Wo ist der Baumständer?"

„Da fällt mir ein, ich muss euch was gestehen", sagt Mama.

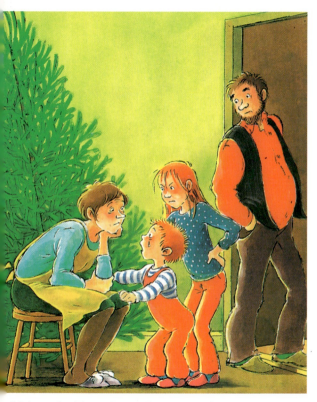

„Ich kann den Tannenbaumschmuck nicht finden."
„Was, hast du unseren Tannenbaumschmuck weggeschmissen?",
ruft Mia. „Dann wird es kein richtiges Weihnachten!"
„Laß uns noch mal darüber schlafen", sagt Papa und gähnt.

„Guten Morgen, Max und Mia!
Heute ist Weihnachten!", sagt Papa.
„Raus aus den Betten, ihr Schlafmützen!", sagt Mama.
„Wir wollen den Baum schmücken.
Schaut, wir haben Löcher in eure
schönsten Pfefferkuchen gebohrt,
das war eine Arbeit!"

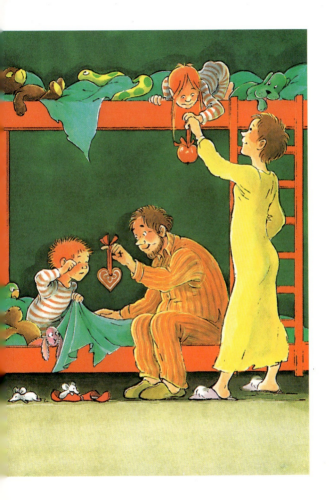

„Und dann kleine rote Äpfel poliert, bis sie glänzten",
sagt Papa.
„Aber wir haben immer noch keine Kerzen",
mault Mia.
„Still", sagt Papa, „singt da nicht jemand im Flur?"
Und wer kommt zur Tür herein?

Oma!
„Ist der Tannenbaum hübsch geschmückt!", ruft sie.
„Und hier sind richtige Kerzen, so wie früher."
Und während sie die Kerzen befestigen,
singen sie das Lied

Am Weihnachtsbaum die Lichter brennen

📚 Die kleine Bücherei 📚

Die Schreibweise entspricht den Regeln der neuen Rechtschreibung.

1 2 3   99 98 97

Erstmals 1997 in der Reihe DIE KLEINE BÜCHEREI
Lizenzausgabe mit Genehmigung des Verlages AB April 88 Press, Uppsala
Titel der Originalausgabe: Jul i vårt hus
© 1989, 1997 Ravensburger Buchverlag für die deutsche Ausgabe
Printed in Germany
ISBN 3-473-33333-6